꽃말은 흙이 되어

정마린 시집

도서출판 스토리팜

시인의 말

언제부터 꿈을 꾸게 되었을까.

강원도 촌년이 부산에 적응하기 어려워할 때 어머니는 춤을 시키더니, 인정받을 때쯤 춤을 접게 하였고, 정작 꿈이 생겼을 땐 그 꿈을 향한 진로를 표현하지 못하는 현실이 되었다. 그러나 전공은 하지 못하였지만 지금까지 한길, 배우의 길로 살고 있다.

"그러고 있지 말고 문예창작과나 가라"
고3 담임의 말은 나에게 충격이었으나 결국 문창과에 가게 되었고 졸업을 하게 되었다.
실력도 없는 데.
졸업쯤 부산시민백일장에 나가 상을 하나 받으니 신문 모퉁이에 이름이 실리고 학교에서 인정받지 못했던 분위기가 조금은 호전되었다.
교수들은 수업 마치면 총알 같이 연극 연습하러 가는 나를 달갑지 않게 생각했던 것 같다. 물론 종종 학교 문예지에 글이 채택이 되면 원고료를 받아 친구들과 술을 마시곤 했다.
나름 뿌듯한 즐거움.

방황의 나날을 보내던 고등학교 때, 방황은 육체적

아픔으로 왔지만 담임이 시인이라 선생님이 관여하는 문예 잡지를 정기 구독하여 읽어 왔다.
대회만 나가면 상을 받아오던 친구가 마냥 부러워 혼자 운동장 벤치에 앉아 문학에 대한 욕심을 조금씩 가슴에 품으며 지냈다. 나중에 그 친구의 도움으로 문학 활동하는 동아리 구경도 가 보았다.

연극만을 통해서 현실의 정신적 어려움이 극복되리라 여기며 문학은 하지 않으리라 했지만 어느 한 귀퉁이에선 습작을 다시 하고 있었다.
시간이 날 때의 여유,
쪼개어 사는 삶의 끄트머리에.

어떻게 하면 쉽게 읽혀지는 글을 표현 할 수 있을까, 어떻게 하면 동질성을 느끼듯 감성을 나눌 수 있을까, '네'가 '나'이게 하는 과제를 가지고 쓰고 있지만 살아온 만큼, 느낀 만큼에 얽매여 자유를 느끼지 못하고 있다.
그런 나에게 짝지인 배추 아빠는 힘의 바람을 몰아 빈 주머니에 넣어 준다.

등단 5년이면 시집 한 권은 있어야 한다는 주위의 말, 말은 현실의 정답이 아닌데 쉽게들 표현한다.
"가난한 시인이 책 한 권 내려면 얼마나 어려운데…"
이제야 책 한 권 묶어 내면서 또 다른 각오와 의미를 보태어 위로를 해 본다.

중요한 것은 따로 있으니.

말은 아끼데 정신이 살아 있는 그 무엇이고 싶다. 인연이 주는 의미는 무엇을 위한 설렘과 반성인가. 만나고 헤어짐 속의 우주의 논리는 망치로 무지개를 부수고 있지만, 부셔진 조각조각의 소중함을 안다, 그러나 실행이 어려워 서로의 눈빛은 차갑다. 조건 없는 어머니의 마음이고 싶다.

나보다 더 그런 마음을 내어 주신 송샘, 안샘, 신샘, 늘 위로의 벗이 되어 준 홍씨, 짝지, 형님들과 동생들, 그리고 나의 친구들과 두 아들 세담, 진현(제람) 언제나 고맙고 늘 감사합니다.

목차

I 부

II 부

III 부

I 부

봄을 기다리며

싸락눈이 새알 되어
땅을 깨우던 날

바람은 파도를 불러
나무를 깨우고

바위는 갈매기를 깨워
여행을 보내니

파르르 떨리는 전율 속에
숨죽인 침묵이

멀지 않은 곳에 있을
그대를 기다리는 설렘에

파란 하늘을 닮은 마음은
초롱초롱 별이 되어
새벽 앞에 섰다

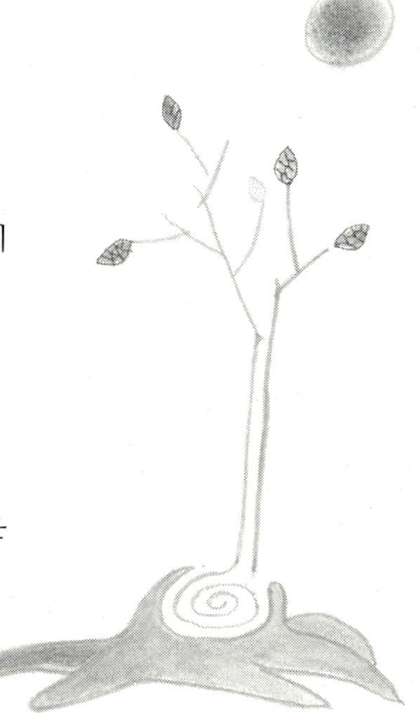

국화가 피면

서늘한 바람 맞으며
당신을 유혹하는 계절
함께 폼 내며 웃자 하는
가을 국화

발을 동동거리며
눈길을 던지면
그녀들의 노래는
이 산 저 산
불꽃을 튀우고

남자는 바바리에
여인들은 머플러에
가슴 짙은 향수 품으며
가로수 길 걷게 한다.

돌아선 발걸음
머물게 한다.

바람에게

쓰라린 혓바닥에 눌러앉은 잔소리
사라진 도깨비 되어 천지를 물들인다.
찢어진 놈 벌레 먹은 놈 자라다 만 놈
건제하게 활개 치는데

민들레 홀씨는 어디로 숨었는지 찾을 길 없고
그보다 더 잘난 놈 자리를 꾀고 앉아
조용한 하늘 더 높게 만드니
뜯어진 옷깃에 먼지처럼 붙은 놈은
떠날 생각을 않는구나.

한 번 더 보름달을 맞으면 바람처럼 사라져 버릴 것을
미움도 사랑으로 슬픔도 사랑으로
못난 놈도 사랑으로 감싸 안은 문풍지에
가을 잔소리로 요동치는 너를 부여잡고
멀고 험한 길 달려왔듯
또 그렇게 가려 아우성을 친다.

그림자의 무게

터벅터벅 아스팔트 위에
낙엽 닮은 그림자 지나간다.
달빛은 한가로이 바람을 벗 삼아
그림자의 무게 이리저리 굴리며
어스름한 골목 귀퉁이에 걸쳐 있는
감나무 가지 끝에 매달려
한가로이 풍성한 향을 음미하는데
소주 한 잔으로 까칠했던 하루의 푸념이
폭발할 수 없는 화염이 되어
창을 넘고 담을 넘어 바람 속에서
그림자의 눈치를 보고 있다
바람은 말이 없고
그림자도 말이 없는데
유독 말이 많은 축 늘어진 어깨를 한 담장 속 얘기는
하루가 지나면 쉬 사라지거나
잔영만 남을지라도
영혼을 쫓듯이 타령에 타령을 더 한다
그림자가 문밖 어딘가에 있는지조차 모르는 것처럼
아침에 널어 둔 빨래는 달빛과 동침을 하고 있다

인생

내 안에 나는
변덕쟁이

내 안에 너는
거짓말쟁이

내 안에 너는
욕심쟁이

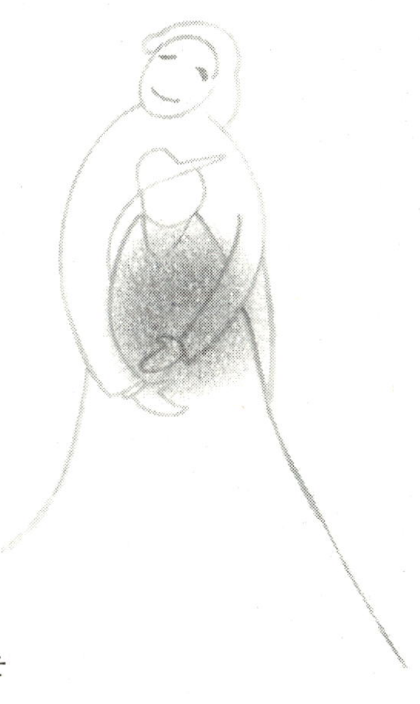

내 안에 너는
심술쟁이

언제나 포기했다
말만하는 구두쇠

믿거나 말거나
떠버리쟁이

하얀 얼음 속에 숨어 있는
물방울들

인생 2

당신이 건넨 한마디에
나는 오늘
동백꽃으로
뚝
떨어집니다.

당신이 건넨 한마디에
나는 오늘
목련꽃으로 피어납니다.

바람은
남풍도 북풍도
불어오는데

당신의 한마디에
나는 오늘
피었다 지는
꽃이 됩니다.

목련

해거름 뒤로 올 당신
물안개 맞으며 기쁨도 절망도
잠시 잊은 채
망부석 되어 기다립니다.

어제였나요
다시 오마며 손끝에 남기고 간 떨림
꽃 편지 여물기 전에
다시 만날까요.

나날이 이슬 품을 자태
더 늦기 전에
주둥이로 심장을 쪼아
어두운 귀퉁이 빛으로 피어
꽃씨 날리소서.

론강 위에서

유람선 몸을 실어
한 몸 되어 만날 그날 위해
노를 젓네
어기여 디여차
어기여 디여차

바람은 피해 가도
이글거리는 황금빛 물결
포구에 메아리를 달고서
어기여 디여차
흥을 돋우어

떼제비 보다야 늦겠지만
교황의 목소리 뒤로 한 채
고흐의 안식처
아를로 흐르네

바람도 밀어주는 론강이여
어서 어서
그의 품으로 가
태양을 품으세

어기여 디여차
어기여
디여차

TGV 기다리며

바람이 먼저 기다릴까
구름이 앞서 기다릴까
휘날리는 머릿결 태양 아래 버티고
TGV는 달린다.

짧은 단어로 눈치작전 해 보지만
통하지 않는 모국어
나뭇가지에 걸쳐 놓고
귀 쫑긋 눈 번쩍
낯선 이방인들 사이에 이방인 되어
주사위를 굴린다.

한눈팔다 보면 내리지 못해
타지도 못해

마음이 먼저 가 기다리는 사이
바람도 구름도 묶어 두고 싶은 육체는
철로 위에 누워 오매불망 넋을 뿌리네

가자
떠나자

타자
달리자
TGV 타고
프랑스를 누비자

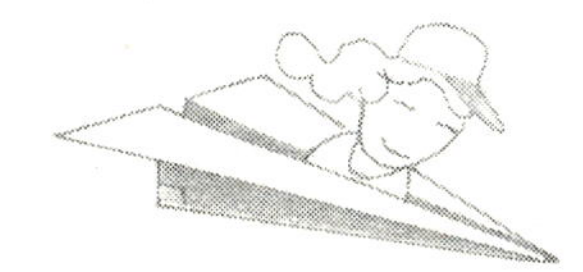

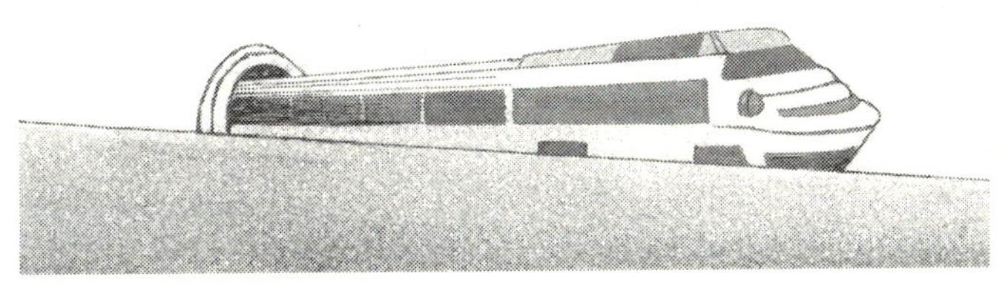

풋사랑

눈물 흘리지 않는다고
이별하지 않았나
그리워 토해 내며 주고받던 언약
잠시 지나는 구름일지라도
사랑이었네

흘려버린 물 담는다고
가 버린 마음 돌아오지 않아
자국은 남을지라도
마르게 두리니

주장만 하다 포용과 희생
바람 따라 가 버린 사랑이여
세월에 절규 묻어 두고
오늘은 울지 않을래.

가을이 가네

바람이 부는구나
그대가 떠나는구나

민들레 홀씨
달콤한 솜사탕
가을바람에 흩어지는구나

청춘의 설레임
노을 속에 남기고
그대는
하늘에서 땅끝까지
바람 한 번 휘돌려
품고 떠나는구나

마지막 잎 하나 남기지 않고
그대는 떠나는구나

가을

꽃눈이 쌓인 언덕길에
길 묻는 나그네
소나무처럼 서서
바라기는 어디에

바스락바스락
어제의 꽃말은 흙이 되고
오늘은 만개한 단풍 되어
무대를 활보하니
코끝을 스치는 추억이
석양빛에 반사되어
촉촉한 어깨에 갈대 바람 되어
앉았다 사라지네.

반짝반짝 햇살 품은
농염한 호수에
얼굴을 씻고
임 닮은 낙엽 하나 띄워 놓으니
길 잃은 나그네의 미소가
물안개로 피어올라
가던 길 멈추게 하네.

사진 한 컷

여린 잎 고개 내밀면
당신 주둥이에
이슬 뿌리고

꽃의 정령 활개 치면
화폭에 담아 두고

바람 불어 꽃잎 휘날리면
당신을 위한
노래를 짓겠습니다.

그러다
그러다
발끝에 밟히는
홍시가 떨어질 쯤

지긋이 책갈피에 넣어
봄이 가고 겨울이 오는 사이
당신을 베어 먹겠습니다

황령산 그녀

황령산 자락에 누워 있는 여인이
하얀 소복을 걸쳐 입고
동공을 시리게 한다.

겨울 여왕의 마지막 인사를 대신하려는가

그늘진 자리는 안개에 쌓이고
마르지 않은 눈물은 고드름 되어
숨 돌리기에 바쁘고

햇살 닮은 가지 사이
새벽바람 실어 온 풍경 소리는
봄을 재촉하는데

은밀한 밀회를 준비하는지
황령산 그녀의 자태는
새싹 깔고 누워 떠나려 하지 않아

손끝에 남은 냉기에 입김을 실어
호오 녹이니
메아리 되어 퍼지는 온기는

그녀를 깨워 봄놀이 하자며
산을 내려오네.

가을 앞에

내 가는 길에
그대 있으랴

달그림자 닿기 전에
내 먼저 닿을 것을

야속한 꽃바람에
노닐다 보니
시간 속에 흘러간 타령들
곡기 끊고 앉았어라

저 모퉁이 돌면
그대 있으랴

바람보다 먼저 닿아
환한 미소 지으리니

그림자들이여
내 먼저 달을 품게 하소서

새벽을 깨우는 소리

저 멀리 달려드는
회색 말 하나 미친 듯이
새벽을 삼키려 할 때

한산섬 허리에
걸터앉은 달 하나
웃는 것인지
우는 것인지
공허의 노를 젓는다.

빗방울
똑 똑 똑

새벽안개 속 햇살 닮은 미소가
돌아선 걸음 부여잡으며
매화 한 송이 안겨 주었다.

장갑

남풍이 치마를 스치며 지날 때에도
북풍이 살결을 애이게 할 때도
그녀를 떠나지 않은 벗들이 있다
자갈들이 전하는 말보다
나무들이 대답하는 말보다
먼저 그들을 방패막이로 막아서는

꿋꿋한 의식은 오늘도 골목을 돌아
의연한 주름진 미소 시장 한 모퉁이에 전 펼쳐 놓고
세월의 시간 잊은 듯 잡다한 물건들 가슴에 담는다.
잠을 잃은 풀빵 같은 아이의 손에선
콧물 같은 아이스크림이 단풍과 함께 녹고
사방으로 흩어진 별들은 머플러 속의 작은 가슴으로
파고든다.

성탄절이면 이 집 저 집 이 골목 저 골목
기쁨을 함께 나누던 새벽 송 소리
온몸이 냉기로 뒤덮혀도 웃음이 사라지지 않던
그 골목이 발등에 머물러 고개를 쳐들고 빤히 본다
어디에 두고 온 것도 아닌데
계절에게 담보 잡힌 것도 아닌데

잊혀진 얼굴 아지랑이 마냥 스물스물 피어올라
낙엽 타는 냄새로 다가와 선뜻 손에 쥐어 준다
뭉클한 마음에 이미 사라져 버린
이 골목을 지나는 누군가와 닮은 듯한

그녀를 떠나지 못하게 하는 장갑이 수갑처럼 손목에 채워졌다

이른 사랑

나비 한 마리
눈앞에 살랑살랑

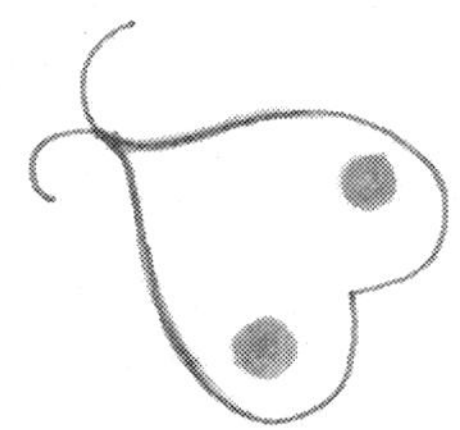

잡을까
품을까

나비 따라
포말을 그리는데

꽃자리 맴돌다
치마폭에 기대어
포르르
포르르

눈 한 번 깜빡할 사이
바람에 밀려
날아가누나

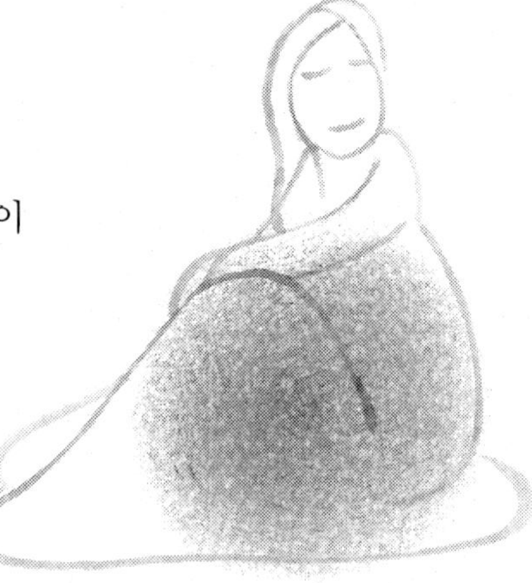

성숙

풋사과 하나에 남아 있는 잎 하나

찢어진 청바지 사이에 숨어

침묵을 배운다.

매화나무에 걸린 극락과 지옥

꽃샘추위로 달래고

달리는 열차에

그녀를

보낸다.

살아 보니

살아 보니 쉽지 않은 세상
별
딸 수가 없고
꿈
꾸는 것만으로 행복하더라.

순환의 믿음
자연에 묻히라 하는데
욕심과 비례한 살점
부패한 탑 쌓아
상실한 영혼
고향을 찾을 수 없네.

노란 나비는 날아가는데
하얀 나비의 청춘은
어디로 가야 하나
어디에 머물러야 하나

너는
나는
길 잃은 철새

훈민정음
고독사
천재지변 마다 않네.

하루에 한 번

하루에 한 번 품으니
달이 되고
해가 되고

하루에 한 번 품으니
사랑이 되고
바다가 되고

하루에 한 번
그리워 하니
하늘에 무지개가 뜨는데

하루에 한 번
미워하니
번개가 치고

하루에 한 번
슬퍼하니
눈물이 비가 되었네.

별거 아닌듯한 하루
천당과 지옥의 묵시록
피었다 지는구나.

돌고 돌아

이슬 하나 또르륵
단풍 가지 끝에 걸쳐 주었더니

심장에 불이 붙어
바람 끝에 만나는
인당수에 몸을 던졌더니

세상천지 무념무상

돌고 돌아 그 자리 서니
남이 네가 되고 내가 되어
주인 없는 허공에 머물다
다시 심장을 만나니

기쁨도 슬픔도 즐거이
바다로 가는 이슬을 따르는구나.

겨울 산

눈 내린 황령산
다람쥐 한 마리 산책을 한다.
바지 끝자락에는 질퍽한 먼지를 묻히고
검은 테 두른 나무 숲 사이
이슬을 따러 간다.
가을에 묻어 둔 도토리는
꼭꼭 숨어 기다려 주지 않는데
살그머니 낙엽을 들춘다.
심장은 파란 하늘에 두고
새들의 속삭임엔 귀 막고
여우 눈빛을 하고 쏘다닌다.
사람들의 발자국은 땅을 울리고
산은 버럭 소리를 지르며 썰매를 타게 한다.
내가 잘 타나
네가 잘 노나
먼지 없는 겨울 산엔 바람만 세고
하얀 눈빛들만 아우성 소리 지른다.

추억 속

얼굴을 그렸다

지우개로 지웠다

얼룩 속에 남은 당신의 그림자

다시 지웠다

자국은 자꾸자꾸 미운 얼굴로 변하고

바래진 종이는 가루가 되어

허공의 한 점

먼지가 되었다

겨울나무

검은 테 두르고
하얀 이끼 드러낸 채
죽은 듯이 숨을 쉬고 있다
뿌리에 눈 달고
심장은 파란 창공에 매단 채

긴 겨울 얼어 죽지 않으려
봄부터 얼마나 많은 영양분을 흡입하였으면
지나는 인기척에도 요동 없이
돌탑을 지키는 수호자처럼
능선 끝자락 말없는 비석이 되어 섰다

욕심 없는 자리
보답 없는 자리
희생으로만 뭉쳐진 몸뚱이 하나
불이 나면 쉬 재가 되어 버릴
잎 하나 달지 않은 겨울새 되어
햇살 속에 우뚝 서 있다

II 부

도시 바람

배신의 바람은
체인마저 끊어 놓고
나트륨 냄새 풍기며
뇌를 잠식했다

거리를 활보할 수 없는
재해

바퀴 잃은 사슴처럼
3g의 도움 요청하지만
세상엔 워낙 사기꾼이 많아서
4g에 희망을 붙여 본다.

연줄이 없어도 되는지

모기

하얀 벽지에
핏빛 얼룩

달콤 새콤
주스 한 잔

배불리려다
욕심이 지나쳐
자연사했나

하얀 백지에
적색 자국 흥건한
초침 부러진
시체 하나
누웠다.

완행열차

하늘을 찌를 듯 높이 솟은 빌딩은
도심을 깎아 먹고
무궁화 열차는 북으로
북으로 뻗으려 하나
사상에 허리가 걸려
생존의 위험을 받아도
숨 쉰다는 것만으로
역행의 눈빛을 보낸다

과거의 그림자와 같이
비둘기호는 박물관에 누워
달리고픈 꿈을 접은 체
무궁화호가 들어오길 기다리겠지

아직은 녹슬지 않은 철로에
사람들을 태우고
간이역마다 인사를 하며
같이 늙어 간다
평행선을 그으며

스타티스여

북풍 불던 날
그대는 떠났지요.
며칠 있다 오마며

그대 떠난 빈자리
이슬들 불러 모아 낙엽들 쌓고 쌓아
무덤 하나 세웠더니
매화가 피고 지고 국화가 피고 지고

울다 웃다
지친 주름 사이에
당신의 미소
스타티스 품었지요.

아~
몸은 여기에 마음은 저기에

시대를 잘못 만나
굶고 굶은 철조망에도 꽃은 피는지
백발 앞에
소년을 보았지요.

소녀를 만났지요.

짧은 만남
긴 여운에 아이는 늙어 가고

오늘 지더라도 내일 다시 필 것을
한 땀 한 땀 손수건에 새겨
그대 이름 부르며
백두산 천지에 걸어 두었지요

다시 만나기를

*스타티스= 영원한 사랑

선희 바다

내
바다에 들어가거든
잡지 마라라
내
알아서 나올 테니
(선희는 소주를 단숨에 들이켰다)

니 성질로
내 성질
건드리지 마라라
갯바위에 부딪쳐도 깨지지 않으니
(선희는 소주 한 잔을 바다의 입에 부었다)

니 오고
간대도
내버려 둬라
바람 따라 가는 세상
남 탓해 무엇하리
성질난다고
파도와 싸우지 마라라
(선희는 소주로 배를 채웠다)

거짓말

내가 뱉는 말은 거짓말
내가 지키지도 못하는 말도 거짓말

파편을 튀겨 가며 의지를 표현해도
순간의 착각
거짓말

눈으로
글로
진정한 손놀림은 순간의 착각
책임지지 못하는 바람을 즐기는 허세꾼

나는 오늘도 술을 마시며 놀았다
허상의 백지에 혼을 버렸다
갈기갈기 찢어지지 않는
양심은 날 조롱하지 않는다

왜
왜
같이 물들어 썩고 있어서

빈부의 축제

물이 가득 담긴 장화에
손을 넣었다
잠수함 속엔
여린 꽃말들이 물풀이 되어
향기를 잃고
금붕어의 입이 되어 굳어 버렸다

저주의 향연은
권력과 사랑놀이 하며
시대의 변천에 의연히 활개를 치며
지주의 영역을 넓히고
태초의 순리 역행하며
역행의 정의를 순리로
바꾸어 놓았다

아~
썩어 가는 우물엔 피던 꽃마저 사라지고
손은 자취를 감추인 채
실종이라는 명찰을 달고
그들 앞에 섰지만
참회의 눈물은커녕

보호해 주는 지주들의 영역이 하도 넓고 깊어
실종자나
선한 자나
곧은 자나
밀려오는 해일에
또다시 길 잃고 집 잃은 부랑아 되어
날은 맑아도
장화는 마르지 않는구나.

양심

돈도 못 벌고
술값도 없는데
잠이라도 실컷 잤으면

이방인 틈에 끼어
마시는 술은
왜 달지 않고 쉬 취하는지

달그림자 달고 누워 본들
양심은 잠을 못 자

다시는
다시는
영혼이 맑은 사람과
술도 마시고
함께 눕고 싶은데

방임과 유혹 사이에
안개가 짙어 보이지 않으니

해풍이여
불어라
대죽 같은 심지로
대주를 마시게 하라

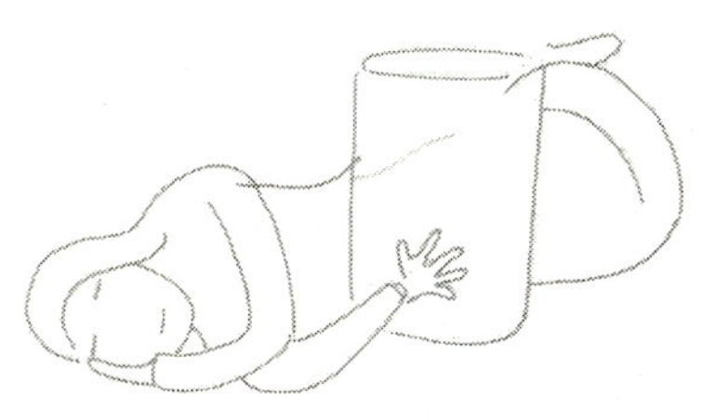

그 자리

빗방울 또독 떨어진 자리에
도깨비 방망이질 하니
지렁이 한 마리 목욕을 하고

이슬 걸친 둥지에선
비상을 꿈꾸며 잔털 같은
오물을 떨어트리는데

안개 저편에서 날아온
홀씨 하나
침묵의 시위를 하며
저항의 뿌리 내린다.

얇은 파열음에 얼었던 심장은
생의 귀로에서 돌아와
바람을 맞이하려
그때 그 자리에서
아침 햇살에 고개를 내민다.

섬

늦은 밤
나를 찾은 당신은 누구신가요
버리려 왔나요
찾으러 왔나요

가족도 두고
친구도 두고
세월 찾아왔나요
추억 찾아왔나요

깊은 밤 밀애는 여인숙에서 하세요
여기는 이불도 베개도 없어요
단지 파도 소리만 있을 뿐

이곳을 바늘로 찌르지 마세요
형체 없는 나는
심장 없는 나는
해일로 돌변할지 몰라요
조용히
조용히
묵상하고 가세요.

날개 달린 가방

여기는
국제 여객선 터미널
가을의 무게만큼씩 한
가방을 울러 메고, 끌고
출국을 기다리는 사람과
입국의 쪽지를 들고

다들 얼마 만에 이곳을 이탈하고
들어오는 것인지
시침만이 촉각을 세우고 있다

문화가 다른 사람들이 어울려
마중하는 호기심이
또 다른 무게만큼
무지개 홀을 만들다.

통통거리던 뱃놀이
쾌속성은
바다 위 물보라들 하얀 거품의 날개 달고
파도는 넘실넘실
여객선은 흔들흔들

일기예보에 이상 기류만 없다면
떠날 준비가 되어 있는
국제 여객선
날개 달린 가방들이 바다 위에 춤을 춘다.

쑥

철길 옆 쪼그리고 앉아
쑥 캐는 저 여자

이곳 쑥이 좋아
사람 많이 올까 봐 남들한텐 안 가르쳐 줘

삼십 분도 안 되어
허리가 아픈데
쉼 없이 봄을 주워 담는 저 여자
한 봉지면 될 텐데
몇 집 전하려
손길이 분주한가

시장에 내다 파는 건 못 믿어

손톱에 끼인 흙 내음
쑥 내음
철길 따라 퍼져
허리 펴고 앉은 나를
웃으며 바라보네

해동성취사에서

동쪽 바다엔 무엇이 있기에
목탁 닮은 파도 소리 합창을 하나

부서져라
깨어나라
움직여라

불상은 말없이 바다만 내려 보고
바람만 기도를 하는구나

용궁으로 떠난 자
언제쯤 돌아올지
깨지고 부서지는 파장 속에
고뇌의 바람은 허리를 지나
물결 위에 내려앉는데

말 없는 불상 위
내려앉은 파도 소리
대지를 적시네.

민둥산

멀쩡한 동네 산 하나
허리가 잘룩
포크레인이 이빨을 드러내
호흡기를 잘라내고
멀쩡한 소나무와 잡초들
나체로 드러누워 말라 간다
아담과 하와의 동산은
이미 21세기엔 보존이 안돼
지금 여긴
구시대 전쟁의 상처투성이를 모아
문화라는 호칭을 달기 위해
포크레인 괴기는 땅을 포효한다.
자연보호를 외치는 이는 이웃 사람들
허물고 새 건물을 짓는 건 공무원 담당 다른 이웃들
자원으로 떵떵거리던 나라
자원 고갈로 다시 최악의 구덩이를 파니
지금 잠시 잘살기 위해
동네 산 하나
동네를 떠나고 있다
추억 하나
흐릿한 기억 속으로 잠기려
흙먼지 날리며 혼이 떠나고 있다.

거제도 가는 길

구간거리
안전거리
구름다리 건너

굽이굽이 돌고 돌아
또아리 속 마중 가니

인생길 굽이만큼 험난했으랴

긴 숨 토해 노자산 골짜기에 던지니
바위 되고 나무 되어
노자 장자 따로 없네.

거친 피로 계곡 속에 묻어 두고
별을 따다 좌표 그려 보니

가신님 자취
굽이 돈 길 위에 있네.

손톱

반달 모양을 한 지구가 색칠을 했다
무색에서 검정색까지
마음 따라 변하는 바람을 머리에 이고
돛을 펄럭여 본다.
시장 뒷골목 컬컬한 아줌마에게
학교 앞 번화가에도
우리 집 강아지 머릿결에도
찡그린 얼굴 가려 주는 거울 앞에 서서
그녀가 쓰다만 연애편지 속에
아세톤 짙은 향 무쳐서
임 가는 곳으로 보낸다
젊음은 죄가 아니라고
젊어지고 싶다고
분칠한 얼굴이 가면을 벗을 때
별은 빛이 나지만
보기를 꺼리는 사내들 많아
우주는 멍이 들고
파란만장한 바람은 거친 호흡을 하며
빠롤과 랑그 사이에 머물러
아름다움의 잣대를 재본다
살점이 날아가는 순간이 와도 고고한 학처럼

깔끔하게 정돈된 내 손톱에 있는 반달
오늘따라 유난히 상아빛 닮아 고개를 내미니
바람난 여인의 향기가 난다
무좀 닮은 봄이다.

연등, 봄비에 젖다

당신이 밟고 오실 길 위에
봄비가 내립니다.
며칠을 세워 준비한 연등
혹 봄비 속에 함께 한 바람에 날릴까
혹여 찢겨질까
설치는 새벽 빗소리는
청아한 목탁 소리 마냥
근심을 뒤로 한 채
가슴을 적십니다.
간사한 마음이 교차하던 무지개 현실
아직도 버리지 못한 욕심으로
어깨는 무겁고
발걸음도 천근만근
손바닥에 그려진 세상은 참 작은데
당신의 손바닥은 너무 깊고 넓어
부족한 지혜만 한탄합니다.
염화의 미소로
달마처럼 신발 한 짝 잃지 말고
당신의 광속으로 빗속을 뚫고 오실 분
이 비 그치고 나면
당신을 향한 불꽃을 피워

맞으리라
두 손 모아
합장하리라

상처 난 얼굴

파르르 단물을 짜내어
그대의 향기를 품습니다.
억년의 시간 속에 할퀴어진 굴곡은
더 단단히 뿌리를 내렸는데

어제 망쳐 버린 절규의 노래가 용서하지 않아
그대는 숯검댕이가 되고
낙엽이 되고 흙이 되어
바람의 배를 타고 안개로 사라져 버렸습니다.

조금만 조금만 더 기다렸다면
조금만 조금만 더 참았더라면
봄의 배를 채울
꽃을 피울 텐데
고로쇠는 홀로 위로합니다.

어떤 축사

했던 말 또 하고
했던 말 또 하고
소개한 사람들
또 소개하고

허공으로 공중 분해되는 말들
그대로 읽으면서
시간은 날개 속에 숨어
감투 없는 사람들
지렁이 되어 몸을 뒤트는데

아랑곳 하지 않는
유명 인사들의 축사는
화환의 향기 무색케 한다

역사의 꼬리 물기는 팜플렛에 장식될 터
목숨 바쳐
퇴색된 사진들과 함께
증언의 자리에 설 때
무궁화는
미래에도 활짝 웃고 있을 것인가

세탁기

니 가슴 품듯
내 가슴 품어
돌고 돌아
다시 만나기를

니 가슴
나를 품어
나무라누나
에헤라디여

짧은 다리 짧은 팔
모자라는 동물체

품고 품어
화장시키는데
혼을 놓은 정신
에헤라디여
에헤라디여

속고 속은
썩은 물
하얗게 피어오르네.

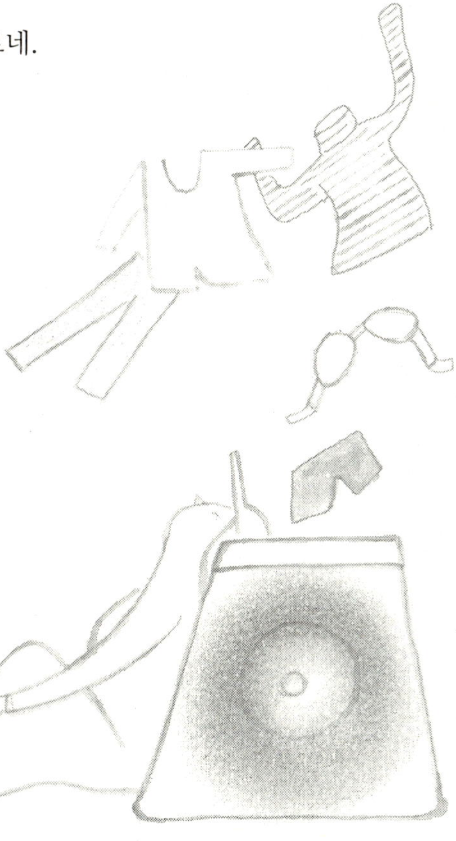

비우지 못하는 마음

비워야 채울 것이 있다는데
비우지 못하는 마음
욕심을 버려라 하지만
버리지 못하는 내면
넓은 마음을 내어라 하지만
좁은 소견
웃으며 살자 하나
찌푸린 인상
욕하지 말자 하면서
이간질시키는 말버릇
느긋한 척 느긋하지 못한
속내의 찌꺼기들이
세포를 잠식하고 있다
매연처럼
기침 한 번으로 낳을 수 없는
종양덩어리들이
나를 지배하고
너를 지배하고

가지지도 버리지도 못하는
탑만 높아지고 있다

말~말

허공에서 춤추는 꽃잎을
당신 입술에 붙였더니
예쁜 말은 하얗게
나쁜 말은 까맣게
거품을 내며
구름이 되었다

비 내리던 날
허공의 꽃잎은
처마 밑에 내려앉아
구덩이 속에서
살려 달라고 외쳤다

소년과 소녀는
무지개를 쫓을 뿐

시멘트 구석
주인을 찾지 못하고
벌레가 되어 버린 꽃잎은
춤추지도 못하고 사라졌다

죽음 앞에

피멍든 가슴에 서리가 내린다.
조금만 더 머물게 하소서
조금만 더 사랑하게 하소서
어둠 속에서 한줄기 빛이라도 내려 주소서
두 손 모아 흘리는 눈물
강물처럼 흐르는데
미리 예정된 시간이라도 일러 주었다면
마음을 다스려 웃는 얼굴로 보내련만
다 못한 애정 표현할 길은 없고
애증으로만 뭉쳐졌던 현실이 야속하여라
기쁘게 태어나
즐거이 맞이할 죽음이
너와 나에겐 통곡으로 사무쳐
눈물바다를 이루니
한 번 살다 가는 우리네 삶
욕심 덜 내고
좀 더 사랑하며
여유롭게 나누며 살다
미련 없이 떠나보내야 하건만
마음은 못내 비우지 못해
허공을 떠도네.

한 해를 보내며

바람 따라 길을 나섰더니
쑥덕쑥덕
콩닥콩닥
파닥파닥
싱겁고
맵고
달고
신소리들이 어울려
울다
웃다
화내다
달래는 소리가
골짜기를 돌고 있길래
남의 집 바람 소린가 하고 지나치려 했더니
내 집서 내는 욕심인 줄 모르고
또 한 해
나이 값 못하고 잘난 척하며
바람 따라 놀았더이다.

나 가거든

불빛과 함께 춤추는 파도는
밀물, 썰물

추억의 모래성을 쌓다가
쌓아도 쌓아도 쌓이지 않는

지금
다시 설레임으로 바라보지만

내일 없는 약속 때문에
조금씩 삭혀지는 마음

파도에 맡기고
자취 없는 길을 간다.

미련

내 얼굴을 그렸다

얼굴을 지웠다

미운 얼굴

얼룩이 지면서
당신 얼굴이 되었다

찢어진 종이

흉악범이 되었다

갈기갈기 찢었다

찢어진 얼굴은
날개를 달고
달나라의 별이 되었다.

모래성

그때 하지 못한 말이
지금 여기 와
서 있지만
그때 그 자리는 없다

파도처럼 밀려와
가슴을 후려치던
절규 같은 다짐
후회는 침식되어

너 나 흰머리만 늘고
약속조차 건망증 파도를 타고 있다.

여기
그 자리
그대로인데
지금은
치매에 걸려
찾을 수 없다

III 부

두 개의 씨앗

예전에 풋사과 하나를 베어 먹었습니다.
그도 하나 베어 먹었습니다.
두 개의 씨앗을 뱉어 냈습니다.
그도 모양이 다른 두 개의 씨를 뱉어 냈습니다.

산과 들이 색동옷으로 물들일 때
바다도 바람을 타고 요동치기를 여러 번

홍옥을 베어 먹었습니다.
그와 같이 말입니다.

두 개의 씨앗들이 초롱초롱한 눈망울로 쳐다봅니다.

원죄가 무언지 아담과 하와는 보이지 않고
우리는 숨죽이며 사과를 베어 먹습니다.

달콤한 무지개 꿈을 꾸려니

초롱초롱한 눈빛들이 마음을 아리게 합니다.

별똥별에게

성년식도 치루지 않은 사슴 한 마리
무리를 이탈해 광야를 찾았다.
어미 품에서 길들여져 젖을 막 떼고서
기다려 주는 것은 푸른 초원이 있는 낙원이 아니라
분주히 먼지만을 일으키는 바람 산맥
배불리 먹을 것은 없지만
어미의 잔소리를 벗어났다는 생각에
그저 신바람이나 쏘다녔다.
저녁 햇살 뒤로 성큼성큼 다가오는 어둠과 정적
하늘은 바람이 지나간 자리 위에
맑은 별빛이 출렁출렁 파도를 타듯 한가롭다.
독립하면 자유로이 누리고 싶었던
초원 멀리 별똥별 되어 떨어지고
그 사이로 별똥별 닮은 눈물이 시야를 흐리게 한다.
이젠 정말 동경의 세계로 남은 고향
바람은 속삭인다.
넌 이제 어른이야 니 세상을 만들어야지
난 부모가 없어도 누가 가르쳐 주지 않아도
자유롭게 세상을 탐닉해
처음은 힘들지만 용기와 끈기를 가져
나도 처음엔 무척 힘들었지만

큰 바람의 도움을 받았어
자신을 소중히 여겨 봐
꿈을 가지고 부딪쳐 보는 거야
속삭이듯 홀로선 사슴을 감싸 안는다.
용기 있는 자(者)만이 세상을 지배할 수 있다고
사슴은 약속이나 한 듯
바람이 이끄는 품속에서 새로운 세상을
펼칠 꿈을 키운다 눈시울을 닦으며

아버지(정연금)

수평선 위로 당신을 떠나보내던 날
절실히 당신이 그리우면 달을 보며 당신을 불렀지요.
아버지

그때는 몰랐습니다.
당신의 상처 안에 가족의 안식을 위해
파도와 싸우며 타지를 항해해야 함을
바람에 의지하고 구름에 몸을 맡겨야 함을

살아 봐야만 알 수 있는 단맛과 쓴맛
철없던 그땐 당신의 믿음 부정만 했지요
인생의 정답은 책 속에만 있는 줄 알고
당신의 사랑에 비수를 꽂았지요.

아버지
당신의 자리 제가 서니
당신의 상처 만져 주던 바람도 구름도
잡고 싶다는 걸 알았습니다.
닳고 구부러진 버리지 못하는 양은 냄비 같은
상처로 얼룩진 냄비에
이젠 아이들을 위한 라면을 끓입니다.

맛나게 먹던 모나게 먹던 그건 아이들의 몫
당신과 나누지 못했던 오랜 침묵
세상 밖으로 보내 날개를 달아 주려 합니다.

사랑의 결정체
당신의 세상 속에서 당신만큼 빛을 내려 합니다.
아버지

저승꽃 피는 나이

저승꽃을 누가 불렀나
눈 감고 귀 막고 입 닫고
방주 속에는 노인이 없다

양수 터져 애벌레가 태어나고
음성의 몸짓으로 생존을 배우며 일탈의 우주 꿈꾸자
욕망의 쓰레기는 넘쳐나고
고래를 삼킨 바다는 모든 것을 질식사시켰다

복지는 있는 자의 지갑 속에서 빌딩을 세우고
폐허 속에 살아남은 자는
고통 없는 죽음을 기다리는데
인내와 고통을 외면하는 세상은
상처로 탑을 쌓아 욕정의 고독만
집을 지키게 한다.

동족상존, 동족상면
화산이 터지고
폭우 속에 잠기고
지진 속에 파괴를 마시며

서로 사랑하고 미워하고
고독의 게임을 즐기는
잡고 끌고 밀고
끼리끼리
오늘도 어두운 골목 귀퉁이
쓰레기를 주우며 뉴스에 회자 되지 않은 이가 있다.

죽음의 그림자로 방치된
젊음을 지나 고개 숙인 노인들
그들에겐 자유가 사치이고
밀물과 썰물 사이에 떠다니는 물안개
최후엔 안락사를 꿈꾸게 하는 세상과 접하며
수긍의 마지막 숨을 쉬게 한다.

눈 감고 귀 막고 입 닫고
세월과 춤추다 한 줌 흙으로
이름의 탈을 쓴 채 최후를 맞이할 원초적 본능이여
생을 추구하던 방주에서도 외면당한 채
그들의 자리는 없다

나와 너의 자리도 예측하기 어려운 기상예보
점에 찍힌 시간 속에 검버섯은 늘고 허리도 휘어
노 저을 힘조차 용서받지 못한 채 사라져야 하는 생명
영원한 안식은 자연으로 돌아가는 것인가

할미꽃 피는 무덤엔
때늦은 눈이 쌓여 이슬처럼 품고 있다.

꽃잎

피다만 꽃잎이 떨어졌다
그걸 주워
파란 상자에 넣었다
퀭하게 시들어 버린 잎

은행 같은 퀴퀴한
냄새는 없으나
아직 인조 인간은 아니구나.

다시
가을 잎 하나
주웠다
사진첩 속에 끼워 넣었더니
박하 향 열매가 추억을 달고 다가왔다

아~
나는 아직 살아 있는 인간이구나.

하루하루

아이의 한마디에 웃던 그가
나의 한마디엔 손사래를 치고
간부의 한마디엔 정중히 고개를 숙이며
친구의 한마디엔 위로받고 싶은 표정을 지으며
너스레를 부린다.

방앗간 같은 하루의 물레는
찡그리다가
웃다가
화내다가
틈새를 비집고 들어온 햇살에
하늘 한번 쳐다볼 새 없이
비를 피하려 우산을 받쳐 들게 한다.

미세먼지 같은 안개 속을 거닐다
그는 유성이 떨어지는 골목을 돌아
네온 불빛을 등에 지고
어제처럼 오늘을 남겨 놓은 채
기약 없는 꿈속으로 빨려 가고

멈추지 않는 희비는 그의 심장에
어떤 꽃이 피어날지
바다는 안개 속에서
그를 부여잡고 있다.

첫눈이 오면

오빠
첫눈이 오면 무얼할까
둘이 손 꼭 잡고
눈 속을 걸을까
고향에 두고 온 강아지처럼

오빠
작년엔 첫눈이 내리지 않았지
덕수궁 돌담길 걷기는
눈 대신 노래로 불렀지
혼자

오빠
올해는 첫눈을 맞을 수 있을까
해풍에 실려서
한계령서 눈도장 찍고
태백산 넘어 시베리아로 가 버리려나

오빠
올 단풍은 참 화려한 옷을 입었어
동공이 놀라 주워 담을 수 없었지

우리가 기다리던 첫눈은
기다리면 오는 거지

오빠
하늘이 파래
구름 꽃이 어디로 갔지
어서
광안대교 위에서 폭죽처럼 터지면 좋겠어
이 겨울이 다 가기 전에

어떤 꿈

어떤 날은 제트기 타고 어떤 날은 잠수함 타고
종착역 없는 계곡 누비며 놀다가 화들짝 일어나니
기쁨도 슬픔도 알 수 없는 영상만 남아
현실인지 저승인지 분간하기 어려워라

좋은 건 현실이요 나쁜 건 과거였으랴

휘감기는 사람과 형상들의 부조리가
가상의 노 저으며 같이 자자 하나
토끼가 내려놓은 동아줄이 금줄인지 새끼줄인지
내려다보니 우물 속이라

오늘은 바람 타고 내일은 낙엽 밟으며
꿈이라도 즐기려나

어린 왕자(진현)

만선의 꿈 향해
돛단배 하나 떠나네
여린 얼굴
까만 눈동자

가방엔 한 짐
고향을 담고
추억의 노트 담아

호기심 반
기쁨 반
후회 반
성취감 반

다시 돌아올 짐 속에 접고 접어
이별은 잠시
꿈의 향연 달그림자 따라
낯선 파도와 맞서며
성숙의 깃발 세워
별 따러 가네

무인도의 밤

불빛이 없는 까만 밤에는
당신을 볼 수 없어요.

파도가 잠든 까만 밤에는
새들도 조용하네요.

밤비행기 허공을 가로질러도
별들은 요동하지 않고
산도 바위도 침묵할 뿐

당신은 보이지 않아도
주인 곁을 떠난 찌들은
이골 저골
밤바다를 누비네요.

촉
당신의 촉을 찾아서요.

그날

어두운 밤공기 사이로
젊음의 발자국들이
소리를 지르며 그림자를 밟고 있다

꽃샘추위를 잊은 목련은
독수리 주둥이로 봄을 쪼으려 하는데
소녀의 가슴에 단 망울 같은 선홍빛 복사꽃은
소년의 가슴을 울렁이는지

밤늦은 귀가의 종소리도 잊은 채
발길은 저만치로 향해 간다
태양 아래 한 점 먼지로 날릴 광선을 뒤로 한 그 날
밤은 무르익어 첫차가 사이렌을 울리고
어느 집 문 여는 소리가 탈칵 울리며
젊음의 시간을
그림자를 버린 형체 하나
늦은 별 대신 찌든 담배 향을
봄인 양 실어 나른다.

사라진 별

유성의 그림자도 없이
사라진 너

전선에 걸쳐 둔 소리는
무음

마지막 호흡도
맥박도
야멸찬 소리에 걷어차이고

두고 갈 말 무엇이었기에
마지막 같지 않은
마지막 고별 손가락에 끼우고

사라진 별자린
이제 그리움이네.

산사 가는 길

성지순례 떠나는 버스에
몸을 의탁하고
가는 내내 졸음과 시름하며
오래된 향취를 맡으려
고개를 굽이굽이 돌았다
하얀 눈이 이끼처럼 깔린 산과 계곡
얼어붙은 계곡은 숨을 쉬는지
고요한 침묵을 하고 있다
동행한 이들의 머리에도 하얀 눈이 내렸건만
탈색의 품위를 간직한 채
일념의 일심의 노래를 하려
굽이굽이 골짜기 속에 숨어 있는
영원한 행복을 찾으려
태어난 원죄일까
우주의 질서에 순응하기 위함일까
머리를 숙이고 숙여
나를 낮추고 또 낮추어
돌고 돌아가는 길 따라
하얀 눈에 자국을 내며
일주문을 들어선다.

깡통의 오후

바람은 싸늘한 시신 같은 공기를 몰고
횡하니 스쳐지나간다.
저녁 영가 부르다가 먹다 버려진 골목길을
육십 년대의 멜로 같은 걸음으로
터벅터벅 걷는 발밑에 와서
빈 깡통처럼 굴러다니는 낙엽들 냄새는 화약내 난다
돌아가신 어머니의 씻금으로
진도씻김굿을 삽입시켜 동아리를 트는 듯한데
여운으로 다가오는 영혼의 향이 머리를 진동시킨다.
태어나지 않았다면 느낄 수 없는
전율 같은 고독이 선연히 바람 되어 가슴에 애이고
도로를 가로 지르는 차창 밖 풍경들
횅한 거리의 불빛을 삼키며
약속되지 않은 시간의 징검다리를 바라다본다.
광안대교의 불꽃 축제가 끝난 지 오래인데

낮 시간의 분주했던 종착역은 사라지고
흐트러진 간이역이 즐비하다
마지막 심야 버스를 기다리는 역에는
발길이 끊어진 눈동자 같은 불빛만이 판을 치고
어디에도 벗해 줄 사람이 없다.
두고 간 것은 뻥 뚫린 가슴에 담아야 할 것들만

활자 되어 수두룩한데
흐트러진 머릿결 사이로 비듬 되어
후두둑 떨어져 먼지처럼 날린다.
채워진 깡통 속 물질을 쏘다 버린 것처럼
윙윙 메아리만 울리는 가슴을 발길로 차니
허공을 떠다니던 씻금은 간 데 없고
빈 깡통 소리만 요란하게 골목을 돌아 목을 죄이며
돌아서는 발목을 잡는다.

작은 아들

꿈이 무엇이간데
가라는 대학 마다하고
전문 자격증 따 놓고
기러기처럼 방황하나
살아온 세월이 너보다 길어
눈물 짓는 날 적게 해 주려
양념 같은 삶의 진실 일러 주어도
아직은 때가 아닌 것인가
낮에는 잠에 취하고
밤에는 수족관 속 아가씨라네

산 넘고 물 건너에도
봄은 오고 봄이 가고
계절의 순환은
자연의 이치
젊었을 때 고생은 사서 한다지만
그것도 옛말
능력 있고 연줄 좋으면
고생도 덜하건만
너에게 줄 그것은 없고
오로지 살아온 만큼의 말과 현실

지금은 이해하기 어려워도
시간이 가고 부딪치다 보면 알겠거니
단지 꿈을 간직하되 건강은 잃지 말고

잠시
잠시만 방황하렴

아이의 눈물

눈물이 바다를 품던 날
아이가 태어났다

눈물이 파도가 되었을 때
아이는 떠났다

바다가 다시 눈물이 되던 날
아이는 돌아왔다

그러나
그들은
떠
나
고

눈물도 바다도 마르던 날
아이는 울었다

초심

뜨거운 햇살
바람에 밀려
옷을 갈아입는데

초심에 자란 열매 붉어 가는데
떨어지는데

마음은 청춘 따라 놀자 하나
임 떠난 자리 맴돌고 앉아
오도 가도 못하네

바람 따라 가는 구름아
시간을 거슬러다오
변하지 않는 마음속으로

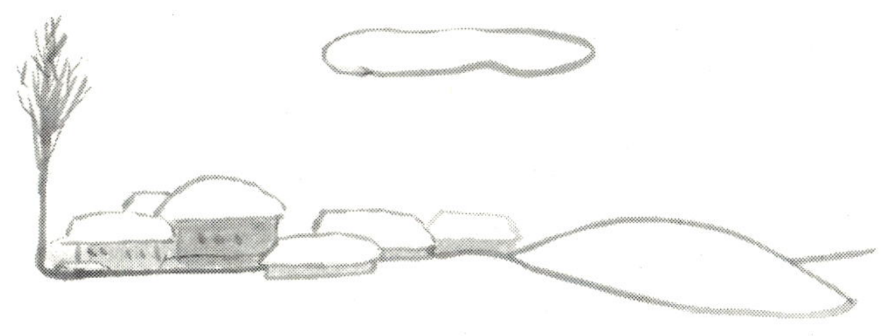

기도

바다가 넓다 한들
마음만 할까마는

빗물이 많다 한들
눈물보다 짤까마는

산해진미 천지에 널렸어도
동하지 않으면 쓰레긴 것을

미워하고 미워해도
사랑하고 사랑해도
부처님 손바닥

간사한 몸뚱아리
죽으면 한 줌
흙이로세.

바람 따라

아무렇지도 않게
만남과
헤어짐의
길을 간다
바람이 지나가듯

햇살은 중천에 떠
그림자를 달고
어디로 가나

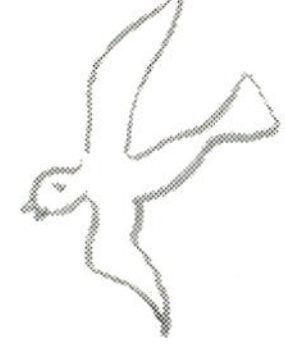

돌아와 보면
아무도 없는 항구
백사장에 남긴 말은
길 묻는 하얀 냄새

만남도
헤어짐도
그저 바람 따라가네

마음의 풍선 탄 아들

키가 작아
키다리 신발을 신어 보았다

색색의 풍선을 만들며
한숨도 쉬어 본다.
하루
이틀
강아지를 만들고
칼을 차고
풍선은 볼록볼록 배를 불린다.

어제만 해도
남들처럼
세상 속으로 들어가려
힘든 자격증을 따 놓고
오늘은
도심 속을 배회한다.

순간의 선택이 진리인가
고통 없이 다가오는 행복은 없는가

내일
키다리 신발을 신고
풍선을 만들며
거리의 삐에로가 되기 위해
이 밤
잠 못 이룬다.

꽃이기 위해

꽃을 피우려
물을 주고 거름을 주고
아이를 키우려
입히고 재우고 사랑을 주고

그를 만나
믿음과 용서와 인내를 배우고
나이 들어
신뢰와 배품의 꽃을 피우니

양분이 많은 토질에서 핀 꽃은
아름답고 향기로워 모두의 빛이 되는데
사람의 토양은 변덕이 심해
본질이 어디서 왔는지 알 수가 없어
외형만 성숙하여 아름답지 않으니
꽃은 꽃이로되 향기가 없어라

밤사이

잊지 말자
잊지 말자
외우던 소리가
알집에서 깨어나야 하건만
출렁이는 꿈길에서 길을 벗어나
당신을 만나지 못하고
나를 주워 담지 못했다
밤사이 까마귀 고기를 먹었나

창작의 밧줄은 허공에 널려
널뛰기를 하는데
염주 알 대롱대롱
점만 찍어 놓고
눈빛으로 담아 두려
발버둥 쳐 보지만
호랑이 담배 피던 시절 노래라고
꿈은 꿈으로 허공을 젓다 간다.

당신 앞에서

폭풍우가 몰려와
기와집이 바닷물 속으로 침몰할 때
당신의 눈빛은 초점을 잃었다

가져가야 할 것이 무엇인지
두고 가야 할 것이 무엇인지
마지막으로 일러두어야 할 것이 무엇이었는지

인명은 재천이라
유체이탈의 밧줄은
우주의 어디에 공존은 하는 것인지
학습 없는 생존의 향불을 피운다.

할미꽃이 사라진 무덤에는
작년에 심어 둔 카네이션마저
뿌리만 남아 같이 누웠다

흩어진 형제는 제각각 찾아든 흔적이 남아
본능에 충실하는 듯
조용한 봉분 위 분주한 미생물이 그들을 맞이한다.

그날의 폭풍 이후
또 다른 생존의 법칙을 위해 촛불을 밝힌다.

어제처럼

한 철 잘 보내고
또 한 철 잘 보내려
선로 위에 서서
목적지를 생각해 본다

어제는 버스를 탔고
잠시 직행도 탔었지만
도착한 곳에는
정해진 시간에 머물러
더 가고 싶어도 갈 수 없었다.

차근차근 비축한 것이 남아 있을 뿐
억만장자가 되지 못했고
조금의 빚은 갚아
조금은 웃을 수 있는
여유의 손짓을 하였다

주름진 얼굴이 미워 보이지 않게
자식 걱정에 울기도 하고
동료의 무심함에 속이 상했어도
내 잘못이려니

산과 바다가 접한 언덕은
항해하기에 좋은 곳이었다.
버리기에
무심하기에

출발선을 어디에 두고
어디로 떠났다
간만큼의 여유를 품고 돌아올 것인가
산은 높고
바다는 깊은데

높고 깊음을 다 헤아리진 못할지라도
시간 속으로 사람 속으로
떠날 채비를 하자

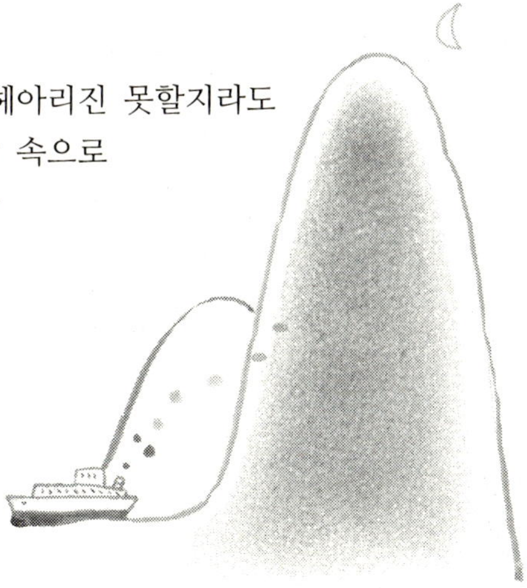

그 길 따라

당신이 살던 바다는
늘 출항하기에 바빴다
목적지는 있어도
정착하지 못하고
방황의 깃발을 휘날리며
늘 이별을 꿈꾸던 곳

그 길을 따라
침묵을 지키던 반쪽짜리 가슴 하나
날개 없는 항구를 떠나려 한다.
사랑보다 이별을 싣고서

당신이 사라진 이후
항해는 싸늘한 시체가 되었고
꿈도 사랑도 이별도
허공으로 날아갔다
그런
그 길을 따라
아직 뛰고 있는 심장을 믿고
돛을 올린다.

어린 아들

빗방울 하나
강물을 만나러 간다.
세상의 풍파를 모르는 새내기
처마 밑에 대롱대롱
매달렸던 추억을 기억하려
풀잎의 이슬과 만나
질곡의 터널을 헤엄친다.
이 고비만 잘 넘기면
세상에 우뚝 설 강
꿈을 정립해야 하고
순간순간을 이겨 내야만
도달할 수 있는
심장이 살아 움직일 곳으로

내 한 방울의 눈물도
기꺼이 주리

어린 아들의 귀가

둥지 잃은 철새
오염된 공기를 마시며
밤거리를 배회한다.

화려한 네온 싸인 불빛에
날개는 초라한 빈 지갑 같은
몰골을 하고
눈빛은 어디를 향하는가

텃새 밭에 깃 하나 남겨 놓을
흔적은 두고 왔는지
밤이슬 스산함이 어깨에 결쳐져 마를 새 없구나

별들이 햇살 속에 감추일 때면
눅눅했던 마음이 녹을까
여명을 저만치 둔 채
발걸음은 터벅터벅

삶에서 길어 올린 치유의 상상력

– 정마린 시인의 시집 『꽃말은 흙이 되어』 읽기

문학평론가 신기용

정마린(개명 전 이름은 '행심') 시인은 2010년 문예지 《시인정신》을 통해 등단한 후, 2011년 《현대시문학》을 통해 다시 등단 절차를 밟았다. 시인으로 꽤 이름이 나 있다. 부산시립극단 단원으로 활동하고 있어 연극배우로 더 널리 알려져 있다.

정 시인이 처녀 시집의 원고 뭉치를 넘기면서 "이제야 처녀 시집을 상재함이 늦은 감이 있지만, 시인으로서 더는 미룰 수 없는 책무임을 실감한다."라고 말하면서 "그동안 발표한 시의 일부만이라도 한 권의 시집으로 엮어 세상에 내놓을 수 있다는 것 자체가 연극 무대에 서는 것보다 더 설렌다."라며 화통한 성품답게 유쾌하게 웃었다.

인간이 왜 시를 쓸까? 이를 평자가 "흔히 마음의 상처를 치유하고 위로받기 위해서라고 말하기도 한다. 상처 없는 사람이 있으랴. 지구상에 인간만이 상처를 치유하고 위로받기를 갈망한다(?) 말과 글을 통해 표현하는 유일한 존재이기 때문일 것이다."라고 언급함과 아울러 "시의 근원적 추구 정신이나 궁극적 목적이 '상처받은 자에 대한 위로와 치유'에 맞닿아 있음을 알 수 있다. 이를 '위로' 혹은 '사랑'이라는 말로 함축할 수도 있을 것이다."라고 여섯 번째 평론집에서 언급한 바 있다.

이처럼 정마린 시인의 이번 처녀 시집 『꽃말은 흙이 되어』의 시편도 대부분 상처 입은 삶에서 길어 올린 치유의 시를 중심으로 엮었음을 읽을 수 있다. 따라서 지금부터 정 시인의 '삶에서 길어 올린 치유의 상상력'을 간략하게 읽어 보고자 한다.

아래 인용 시 「무인도의 밤」을 평자가 2014년 [거제신문]에 해설과 함께 소개한 적이 있다. 그때 시의 제목은 「거제도의 밤」이었다. 이번 시집을 엮으면서 공간의 보편화를 위해 제목을 수정한 듯하다. 아마도 시상을 포착한 공간이 거제도의 어떤 무인도임이 분명하리라 여겨진다. 다른 이유가 있을 수도 있다. 어차피 시는 허구의 문학이므로 거제도의 어떤 '무인도'라는 공간을 허구화했을 가능성을 열어 두고, 그때 소개한 내용을 먼저 읽어 본다.

> 불빛이 없는 까만 밤에는/ 당신을 볼 수 없어요.// 파도가 잠든 까만 밤에는/ 새들도 조용하네요.// 밤비행기 허공을 가로질러도/ 별들은 요동하지 않고/ 산도 바위도 침묵할 뿐// 당신은 보이지 않아도/ 주인 곁을 떠난 찌들은/ 이 골 저 골/ 밤바다를 누비네요.// 촉/ 당신의 촉을 찾아서요.
>
> －「무인도의 밤」 전문

시인은 "당신의 촉"을 찾아 거제도(혹은 무인도)의 밤바다를 누비고 다닌다. '촉(觸)'은 불교의 12연기의 하나로서, 근(根)과 대상과 식(識)이 서로 접촉하여 생기는 정신 작용을 말한다. 촉은 육입(色·聲·香·味·觸·法)에 의해 있게 되고, 느낌(受)을 있게 한다. 쉽게 말하면, 눈의 접촉, 귀의 접촉, 코의 접촉, 혀의 접촉, 몸의 접촉, 마음의 접촉을 통해 세상을 느끼게 된다는 의미이다.

시인은 불빛도 없고, 파도도 잠든 거제도(혹은 무인도)의 까만 밤에는 "당신을 볼 수 없어요."라며 대상인 당신에 대한 눈의 접촉이 단절되어 느낄 수 없음을 표현하고 있다. 또한, "새들도 조용하네요."라며 귀의 접촉도 단절되어 느낄 수 없음을 강조하고 있다. 나아가 시인은 당신이라는 대상을 찾아 눈과 귀의 접촉을 시도해 보지만, 좀처럼 눈에 보이지 않는다. 하지만 밤바다를 누비는 낚싯대의 '찌'가 "당신의 촉을 찾아서" 이리저리 밤바다를 누비고 다닌다고 인식한다. 이것은 '찌'와의 눈의 접촉을 뛰어넘어 마음의 접촉을 하면서 자기 동일성을 유지하고 있음을 의미한다.

이번 처녀 시집 출간에 즈음하여 추가해서 읽어 보면, 이 시에 2인칭 '당신'이 세 번 등장한다. "당신을 볼 수 없어요.", "당신은 보이지 않아도", "당신의 촉을 찾아서요."라는 시행에서 읽을 수 있듯, '당신'은 누구를 대상화한 것일까? 분명한 것은 이 시에서 '당신'은 비가시적인 영역에 존재한다. 이를 가시적인 영역 밖으로 끌어내려고 '촉'을 찾아 나선다고 읽는 것도 타당하리라 판단해 본다.

2인칭 '당신'에 대해 주목해 보면, 시적 화자가 '당신'이라는 2인칭을 통해 '나'라는 자아의 존재를 발견하려고 몸부림을 치고 있음을 알 수 있다.

> 구간거리/ 안전거리/ 구름다리 건너// 굽이굽이 돌고 돌아/ 또아리 속 마중 가니// 인생길 굽이만큼 험난했으랴// 긴 숨 토해 노자산 골짜기에 던지니/ 바위 되고 나무 되어/ 노자 장자 따로 없네.// 거친 피로 계곡 속에 묻어 두고/ 별을 따다 좌표 그려 보니// 가신님 자취/ 굽이 돈 길 위에 있네.
>
> -「거제도 가는 길」 전문

인용 시 「거제도 가는 길」에서 시적 화자는 부산에서 거제도로 향해 가는 길이다. 시적 화자가 구름다리, 즉 거가대교를 건너고 굽이굽이 돌고 돌아가는 길을 관조하면서 인생을 겹쳐 본다. "인생길 굽이만큼 험난했으랴"라는 표현이 이를 대변한다. 그리고 "노자산 골짜기에 던지니/ 바위 되고 나무 되어/ 노자 장자 따로 없네."라며 거제도에 소재하는 노자(老子)산을 언급하며 언어유희를 하고 있다. 노자산의 지명 유래로 볼 때 언어유희 측면이 강하다. 하지만 자유롭게 우주(자연)를 거니는 노자와 장자의 자연 사상이 연상되기도 하다.

철길 옆 쪼그리고 앉아/ 쑥 캐는 저 여자// 이곳 쑥이 좋아/ 사람 많이 올까 봐 남들한텐 안 가르쳐 줘// 삼십 분도 안 되어/ 허리가 아픈데/ 쉼 없이 봄을 주워 담는 저 여자/ 한 봉지면 될 텐데/ 몇 집 전하려/ 손길이 분주한가// 시장에 내다 파는 건 못 믿어// 손톱에 끼인 흙 내음/ 쑥 내음/ 철길 따라 퍼져/ 허리 펴고 앉은 나를/ 웃으며 바라보네

–「쑥」 전문

인용 시 「쑥」에서 시적 화자는 철길 옆에 쪼그리고 앉아서 쑥을 캐는 여자를 관조한다. 시적 화자의 시선에서는 "쑥 캐는 저 여자"는 "쉼 없이 봄을 주워 담는"다. 그러면서 "손톱에 끼인 흙 내음/ 쑥 내음"을 통해 결국에는 "허리 펴고 앉은 나를/ 웃으며 바라"본다. 더 자세히 읽어 보면, '쑥'이라는 시적 상관물을 통해 "쑥 캐는 저 여자"라는 타자를 발견하고, '쑥 내음'을 통해 자아를 발견해 나간다고 해석할 수도 있다.

시인은 "쑥 캐는 저 여자"와 "쉼 없이 봄을 주워 담는 저 여자"라는 표현에서 읽을 수 있듯이 환유(換喩)를 써서 비유했다. 환유란 어떤 사물을 표현할 때 그 속성을 표현하는 수사법이다. 이 시 속에서 '쑥'을 캐는 표현을 '봄'을 캐는 표현의 수사법을 쓰고 있음을 읽을 수 있다. 이런 비유를 다시 말하면, 연유법의 유추 행위 중 하나인 환유이다. 정 시인도 이를 잘 활용할 줄 아는 시인임이 분명하다.

그때 하지 못한 말이/ 지금 여기 와/ 서 있지만/ 그 때 그 자리는 없다// 파도처럼 밀려와/ 가슴을 후려치던/ 절규 같은 다짐/ 후회는 침식되어// 너 나 흰머리만 늘고/ 약속조차 건망증 파도를 타고 있다// 여기/ 그 자리/ 그대로인데/ 지금은/ 치매에 걸려/ 찾을 수 없다

-「모래성」 전문

인용 시 「모래성」을 읽다 보면, 칸트와 헤겔의 시공간성은 물론 후설의 시공간성도 걸어 나온다. 데리다와 하이데거의 현전성도 걸어 나온다. "지금 여기 와/ 서 있지만"이라는 시행에서 보는 바와 같이 '지금, 여기, 있다'라는 시어 때문이다. 칸트, 헤겔, 후설이 실존에 대한 논리 전개 과정에서 '지금(시간성), 여기(공간성)'라는 시공간을 매우 중시했듯, 하이데거 역시 존재의 의미를 현전성으로 규정했다. 즉, 존재는 '지금, 여기에 있는 것'으로 규정했다. 데리다도 현전(존재)을 부재와 함께 주요하게 다루었다. 부재는 '말(언어)'이나 '기호'가 아니라, 사물의 그 자체. 현전은 서양 지적 전통의 모든 사고(선험적 존재, 텍스트의 단일한 의미 등)를 진행하게 하는 통일기반이라고 생각했다. 형이상학의 역사에서 존재가 언제나 현전으로 사유되었다고 보았던 하이데거와 마찬가지로 데리다가 볼 때도 형이상학은 현전의 사유 속에 머물러 있다고 보았다. 데리다의 존재와 존재론의 차이에 대해 하이데거의 철학과 연결하여 이해할 수 있을 것이다. 즉, 하이데거가 말하는

존재의 은폐성(존재 그 자체가 스스로 은폐하는 성격을 지님.)은 데리다의 이론에서 말하는 보충대리를 통해서만 접근 가능한 중심의 부재와 일치한다.

이처럼 인용 시 「모래성」의 첫 연에서 '지금, 여기, 있음'에 대한 존재론적 사유의 표현을 읽을 수 있다. 마지막 연에서는 '지금, 여기'에 그대로 있지만, 찾을 수 '없음'의 부재의 표현도 읽을 수 있다. 이를 하이데거의 '존재의 은폐성'과 데리다의 부재와 일치한다고 해석한다면 무리일까. 결국, 인용 시는 존재론적 표현을 수렴한 시임이 분명하다.

> 내 안에 나는/ 변덕쟁이// 내 안에 너는/ 거짓말쟁이
> // 내 안에 너는/ 욕심쟁이// 내 안에 너는/ 심술쟁이//
> 언제나 포기했다/ 말만하는 구두쇠// 믿거나 말거나/
> 떠버리쟁이// 하얀 얼음 속에 숨어 있는/ 물방울들
>
> -「인생」 전문

인용 시 「인생」은 아이러니 기법으로 창작한 시이다. 시적 화자는 스스로 내 안의 너, 즉 내 안의 또 다른 나를 말하고 있다. 다시 말하면, 내 안의 타자를 말하고 있다. 시적 화자는 타자로서의 나이기도 한 내 안의 너를 "변덕쟁이, 거짓말쟁이, 욕심쟁이, 심술쟁이, 구두쇠, 떠버리쟁이"라고 지칭한다. 긍정적 명사가 아닌 부정적 명사의 나열을 통해 반어의 표현 기법으로 타자로서의 자아를 강조한다. 이들 명사의 나열은 언어

하나하나의 시적 의미보다는 내 안의 너에 대한 진정한 속성의 반대되는 언어라고 읽어야 옳을 것이다. 그 부정적인 명사의 이면에 숨겨진 의도를 은연중에 드러내 보이려는 시적 의도라고 읽어야 할 것이다. 마지막 연에서 "하얀 얼음 속에 숨어 있는/ 물방울들"이라며 내 안의 너의 속성을 예리하게 드러낸다.

이를 더 자세히 읽어 보면, '내'라는 1인칭 안에 '너'라는 2인칭이 존재함을 말하고 있다. 그 2인칭의 '너'는 매우 부정적인 존재임을 표현하고 있다. 이를 통해 '내 안의 너'가 아닌 '내 안의 나'라는 내면의 존재를 찾아내고, 이를 통해 자아의 존재를 점진적으로 발견해 나간다. 이같이 시적 화자가 마음속의 관념적 자의식의 표출을 부정적인 명사의 나열을 통해 반어의 표현을 한다.

또한, 시적 화자가 "언제나 포기했다/ 말만하는 구두쇠"라는 존재론적 사유를 통해 "믿거나 말거나"로 사유를 전이해 나가고 있음을 읽을 수 있다. 결국에는 화자 자신도 '떠버리쟁이'라는 결론에 이른다. 나아가 시적 화자는 인생을 "하얀 얼음 속에 숨어 있는/ 물방울들"과 같은 것이라고 표현한다. 인용 시는 내 안의 타자를 통해 자아를 발견하는 존재론적 자의식을 드러낸 시이다.

인용 시를 서양 이론으로 말하기보다는 동양 이론에 바탕을 둔 내 안의 너를 대입하는 것이 좋을 수도 있을 것이다. 간략히 언급하자면, 인간은 '세상 속에서 살아가는 존재'이다. 이에 치중하면 유가적이다. '마음

속에 세상을 담는 존재'에 치중하면 불가적이다. 두 사상이 비슷하지만, 합일의 최종 상태는 다르다. 유가에서는 나와 만물 사이에 간격이 있어 나와 남이라는 개념이 남지만, 불가에서는 완전한 합일을 이루어 나와 남이라는 개념이 사라진다. 인용 시 역시 내 안의 너를 통해 동양 이론의 두 존재를 발견해 나가는 시적 상상력으로 읽을 수도 있을 것이다.

> 당신이 건넨 한마디에/ 나는 오늘/ 동백꽃으로/ 뚝/ 떨어집니다.// 당신이 건넨 한마디에/ 나는 오늘/ 목련꽃으로 피어납니다.// 바람은/ 남풍도 북풍도/ 불어오는데// 당신의 한마디에/ 나는 오늘/ 피었다 지는/ 꽃이 됩니다.
>
> -「인생2」 전문

인용 시 「인생2」는 하강과 상승 이미지의 시이다. 시적 상관물인 동백꽃과 목련꽃을 통해 화자의 마음이 하강(몰락)하기도 하고 상승하기도 한다. 다른 측면에서 말하면 "당신이 건넨 한마디에" 몰락하기도 하고, 상승하기도 한다. 이처럼 말 한마디에 상처를 입기도 하고 치유하기도 한다는 의미를 담고 있다. 그러면서 말의 중요성, 즉 말의 힘을 강조하고 있다. "당신이 건넨 한마디에"라는 반복적인 장치가 이를 더 강조하고 있음을 알 수 있다.

1연의 "나는 오늘/ 동백꽃으로/ 뚝/ 떨어집니다."는 하강 이미지이다. 2연의 "나는 오늘/ 목련꽃으로 피어납니다."는 상승 이미지이다. 4연의 "나는 오늘/ 피었다 지는/ 꽃이 됩니다."는 상승과 하강 이미지가 공존함을 의미한다. 나아가 상승과 하강이라는 이항 대립의 이미지가 공존을 넘어 합일을 이루어 나갈 수 있음도 읽을 수 있다.

인용 시에 등장하는 동백꽃과 목련꽃의 꽃말에 주목해 보면, 말의 힘이라기보다는 사랑의 힘으로 해석할 수도 있을 것이다. 일반적인 빨강 동백꽃의 꽃말은 '누구보다 그대를 사랑해'이다. 하얀 목련꽃의 꽃말은 '숭고한 사랑'이다. 그렇다면 "당신이 건넨 한마디에" 사랑이 몰락할 수도 있고, 상승할 수도 있음을 말하는 것일 수도 있다.

인용 시에서의 '당신'은 일반화한 대상, 즉 보편자일 수도 있다. 하지만 특수자일 수도 있을 것이다. 시의 다양한 해석의 몫은 독자에게 달려 있기 때문에 여러 해석의 여지를 남겨 놓는다.

> 예전에 풋사과 하나를 베어 먹었습니다./ 그도 하나 베어 먹었습니다./ 두 개의 씨앗을 뱉어 냈습니다./ 그도 모양이 다른 두 개의 씨를 뱉어 냈습니다.// 산과 들이 색동옷으로 물들일 때/ 바다도 바람을 타고 요동치기를 여러 번/ 홍옥을 베어 먹었습니다./ 그와 같이 말입니다.// 두 개의 씨앗들이 초롱초롱한 눈망울로 쳐다봅니다.// 원죄가 무언지 아담과 하와는 보이지 않고/ 우리는 숨죽이며 사과를 베어 먹습니다.// 달콤한 무지개 꿈을 꾸려니// 초롱초롱한 눈빛들이 마음을 아리게

합니다.

-「두 개의 씨앗」 전문

인용 시 「두 개의 씨앗」은 '~니다'체의 산문시이다. 많은 이야기와 의미가 담겨 있다. 특히 '두 개의 씨앗'의 상징을 읽어 낼 필요가 있을 것이다. '아들 둘'에 대한 시인의 개인적 상징인 듯하다. 특히 1연의 "예전에 풋사과 하나를 베어 먹었습니다./ 그도 하나 베어 먹었습니다./ 두 개의 씨앗을 뱉어 냈습니다."를 자세히 읽어 보면, 결혼이라는 통과 의례와 아들 둘의 탄생을 이야기하고 있다. 다시 말하자면, 두 개의 씨앗은 사랑의 결실임을 표현하고 있다. 또한, "두 개의 씨앗들이 초롱초롱한 눈망울로 쳐다봅니다."와 "초롱초롱한 눈빛들이 마음을 아리게 합니다."라는 시행은 두 아들의 눈빛을 말하면서 내리사랑과 삶의 애착에 대한 이야기를 담아 놓았다. 결국, 인용 시에서 '사과=사랑', '씨앗=아들'을 동일시하고 있음도 읽을 수 있다. 그 외에도 많은 이야기가 숨어서 숨 쉬고 있다. 다양한 시적 상상력의 발휘를 위해 독자의 몫으로 남겨 놓는다.

눈물 흘리지 않는다고/ 이별하지 않았나/ 그리워 토해 내며 주고받던 언약/ 잠시 지나는 구름일지라도/ 사랑이었네// 흘려버린 물 담는다고/ 가 버린 마음 돌아오지 않아/ 자국은 남을지라도/ 마르게 두리니// 주장만 하다 포용과 희생/ 바람 따라 가 버린 사랑이여/ 세월에 절규 묻어 두고/ 오늘은 울지 않을래.

-「풋사랑」 전문

풋사과 하나에 남아 있는 잎 하나/ 찢어진 청바지 사이에 숨어/ 침묵을 배운다./ 매화나무에 걸쳐 진 극락과 지옥/ 꽃샘추위로 달래고/ 달리는 열차에/ 그녀를/ 보낸다.

-「성숙」 전문

인용 시 「풋사랑」에서는 제목처럼 '덜 익은 사랑'을 노래하고 있다. 그리고 "눈물 흘리지 않는다고/ 이별하지 않았나"라는 시행처럼 이별을 말하고 있다. 시적 화자는 "바람 따라 가 버린 사랑"을 풋사랑이라 여기며 "세월에 절규 묻어 두고/ 오늘은 울지 않을래."라며 스스로 위안하며 담대함을 드러내고 있다. 결국, 인용 시는 시 「풋사과」처럼 풋사랑을 표현한 것이다.

인용 시 「성숙」에서도 "풋사과 하나에 남아 있는 잎 하나"라는 시행처럼 '풋사과'가 등장한다. 결국에는 인용 시 「풋사랑」처럼 이별을 읽어 낼 수 있다. "꽃샘추위로 달래고/ 달리는 열차에/ 그녀를/ 보낸다."라는 시행이 이를 대변한다.

쓰라린 혓바닥에 눌러 앉은 잔소리/ 사라진 도깨비 되어 천지를 물들인다./ 찢어진 놈 벌레 먹은 놈 자라다 만 놈/ 건제하게 활개 치는데// 민들레 홀씨는 어디로 숨었는지 찾을 길 없고/ 그보다 더 잘난 놈 자리를 꾀고 앉아/ 조용한 하늘 더 높게 만드니/ 뜯어진 옷깃에 먼지처럼 붙은 놈은/ 떠날 생각을 않는구나// 한 번 더 보름달을 맞으면 바람처럼 사라져 버릴 것을/ 미움도 사랑으로 슬픔도 사랑으로/ 못난 놈도 사랑으로 감싸 안은 문풍지에/ 가을 잔소리로 요동치는 너를 부여잡고/ 멀고 험한 길 달려왔듯/ 또 그렇게 가려 아우성을 친다

-「바람에게」 전문

배신의 바람은/ 체인마저 끊어 놓고/ 나트륨 냄새 풍기며/ 뇌를 잠식했다// 거리를 활보할 수 없는 / 재해 // 바퀴 잃은 사슴처럼/ 3g의 도움 요청하지만/ 세상엔 워낙 사기꾼이 많아서/ 4g에 희망을 붙여 본다// 연줄이 없어도 되는지

-「도시 바람」 전문

하얀 벽지에/ 핏빛 얼룩// 달콤 새콤/ 주스 한 잔// 배불리려다/ 욕심이 지나쳐/ 자연사 했나// 하얀 백지에/ 적색 자국 흥건한/ 초침 부러진/ 시체 하나/ 누웠다.

-「모기」 전문

인용 시 「바람에게」는 제목에서 보는 바와 같이 공기 이미지의 시이다. 그러면서 사람이 아닌 자연물에 '~에게'라는 격조사를 붙인 것으로 보아 바람을 인격화했다. 사회 비판적 시선의 풍자시이기도 하다. "그보다 더 잘난 놈 자리를 꾀고 앉아/ 조용한 하늘 더 높

게 만드니"라는 시행에서 사회 비판적 시선으로 풍자하고 있음을 읽을 수 있다. 이처럼 "바람처럼 사라져 버릴 것을"이라는 공기 이미지를 끌어와 사회 비판적 풍자와 결합해 나가고 있다. 특히 "미움도 사랑으로 슬픔도 사랑으로/ 못난 놈도 사랑으로 감싸 안은 문풍지에"라는 시행에서 공기 이미지와 사회 비판적 풍자가 조화롭게 잘 어울리는 상상력도 읽을 수 있다. 시어 '문풍지'는 청각적 이미지를 한껏 안겨다 주기도 한다.

인용 시 「도시 바람」도 제목 그대로 공기 이미지이다. 그러나 1연의 1행 "배신의 바람은"이라는 시행에서 실제 공기 이미지의 바람은 아님을 읽을 수 있다. 결국, 인용 시 「바람에게」처럼 사회 비판적 시선의 풍자시이다. 마지막 연의 "연줄이 없어도 되는지"만을 읽어 봐도 사회 비판적 풍자시임을 읽을 수 있다.

인용 시 「모기」도 공기 이미지의 시이다. 하지만 죽은 모기, 즉 날지 못하는 모기에 대한 이미지를 묘사하고 있다. 4연의 "하얀 백지에/ 적색 자국 흥건한/ 초침 부러진/ 시체 하나/ 누웠다."만 읽어 보더라도 죽은 모기의 이미지가 선명하다. 특히 "욕심이 지나쳐/ 자연사 했나"라는 시행만을 분리해서 읽어 보면, 풍자적 요소가 가미되어 있음을 읽을 수 있다.

터벅터벅 아스팔트 위에/ 낙엽 닮은 그림자 지나간다./ 달빛은 한가로이 바람을 벗 삼아/ 그림자의 무게 이리저리 굴리며/ 어스름한 골목 귀퉁이에 걸쳐 있는/ 감나무 가지 끝에 매달려/ 한가로이 풍성한 향을 음미

하는데/ 소주 한 잔으로 까칠했던 하루의 푸념이/ 폭발할 수 없는 화염이 되어/ 창을 넘고 담을 넘어 바람 속에서/ 그림자의 눈치를 보고 있다/ 바람은 말이 없고/ 그림자도 말이 없는데/ 유독 말이 많은 축 늘어진 어깨를 한 담장 속 얘기는/ 하루가 지나면 쉬 사라지거나/ 잔영만 남을 지라도/ 영혼을 쫓듯이 타령에 타령을 더한다/ 그림자가 문밖 어딘가에 있는지 조차 모르는 것처럼/ 아침에 널어둔 빨래는 달빛과 동침을 하고 있다

–「그림자의 무게」 전문

인용 시 「그림자의 무게」는 산문시이다. 제목을 읽을 때부터 무겁게 다가온다. 그러나 그림자는 질량이 없다. 가볍다. 특히 "그림자의 무게를 이리저리 굴리며"에서 가벼움이 흠뻑 묻어난다. "그림자도 말이 없는데"라는 시행에서는 그림자의 속성이 드러난다. 결국, 이 시의 '그림자의 무게'는 곧 '삶의 무게'라고 해석해도 무방할 것이다. 그림자라는 시적 상관물을 통해 인생을 노래하고 있기 때문이다.

수평선 위로 당신을 떠나보내던 날/ 절실히 당신이 그리우면 달을 보며 당신을 불렀지요./ 아버지// 그때는 몰랐습니다./ 당신의 상처 안에 가족의 안식을 위해 / 파도와 싸우며 타지를 항해해야 함을/ 바람에 의지하고 구름에 몸을 맡겨야 함을// 살아 봐야만 알 수 있는 단맛과 쓴맛/ 철없던 그땐 당신의 믿음 부정만 했지요/ 인생의 정답은 책 속에만 있는 줄 알고/ 당신의 사랑에

비수를 꽂았지요.// 아버지/ 당신의 자리 제가 서니/ 당신의 상처 만져 주던 바람도 구름도/ 잡고 싶다는 걸 알았습니다./ 닳고 구부러진 버리지 못하는 양은 냄비 같은// 상처로 얼룩진 냄비에/ 이젠 아이들을 위한 라면을 끓입니다./ 맛나게 먹든 모나게 먹든 그건 아이들의 몫/ 당신과 나누지 못했던 오랜 침묵/ 세상 밖으로 보내 날개를 달아 주려 합니다.// 사랑의 결정체/ 당신의 세상 속에서 당신만큼 빛을 내려합니다/ 아버지

–「아버지」 전문

인용 시 「아버지」는 정 시인이 아버지를 그리워하는 사부곡(思父曲)이다. 시인은 회고적 시점에서 "당신의 상처 안에 가족의 안식을 위해/ 파도와 싸우며 타지를 항해해야 함을/ 바람에 의지하고 구름에 몸을 맡겨야 함을// 살아 봐야만 알 수 있는 단맛과 쓴맛/ 철없던 그땐 당신의 믿음 부정만 했지요"라며 아버지의 내리사랑에 대해 거부했던 과거를 반성하면서 그리움을 표출하고 있다.

또한, 기원적 시점에서 "상처로 얼룩진 냄비에/ 이젠 아이들을 위한 라면을 끓입니다./ 맛나게 먹든 모나게 먹든 그건 아이들의 몫/ 당신과 나누지 못했던 오랜 침묵/ 세상 밖으로 보내 날개를 달아 주려 합니다"라며 아들에 대한 내리사랑을 표출하고 있다.

결국, 시인은 아버지의 내리사랑과 아들에 대한 내리사랑, 그 내리사랑의 중간 지점에 서 있다. 위아래의 연결 고리 지점에 서 있는 시인의 자의식이 상처를 위

로하고 위안하고 있음을 읽을 수 있다.

지금까지 간략히 읽어 본 바와 같이, 정마린 시인은 존재론적 자아라는 형이상학적 요소를 시 속에 잘 담아 장치하고 있다. 이와 더불어 사회 비판적 시선으로 풍자도 잘 담아낸다고 평가해 본다. 이처럼 삶에서 길어 올린 치유의 상상력에 박수를 보낸다. 처녀 시집 「꽃말은 흙이 되어」의 성공적인 상재를 진심으로 축하드린다.

출간에 부쳐

강동수 소설가·경성대 교수

내가 정마린 씨와 만난 세월이 어언 30년이다. 일간 신문의 문화부 기자와 연극배우로 만난 이후 우리는 또래 친구가 되었다. 나는 그의 오랜 팬이다. 그 사이 그이는 이름도 새로 바꿨다. 몇 년 전엔 시인으로 등단하기도 했다. 무대 연기에 혼신의 힘을 바치는 줄로만 알았더니 그 자그마하고 가녀린 몸속에 문학에 대한 열정도 숨어 있었던 모양이다.

그의 시는 현학적이지 않고 쉽게 읽히면서도 전 생애를 온몸으로 부대낀 사람의 달관이 담겨 있다. 서정적이면서도 삶에 대한 깊이 있는 성찰이 갈피갈피 숨어 있는 시편을 읽으며 가을 코스모스를 떠올린다. 그가 연극인으로서만이 아니라 아름다운 언어의 연금술사로 오래 남기를 나는 바란다.

송유미 시인

정마린의 시의 본질은 번제이다. 작두날 위에 뛰는 영혼의 맨발이 보인다. 그에 위무 받는 우리는 잠시 참혹한 현실을 잊고 꿈을 꾼다. 시의 형식에 충실하면서도 그의 시는 흥미와 재미와 극적 묘미까지 맛깔나게 잘 버물려져 있다. 이는 그가 연희자이면서 시인이기에 가능하다.

최학림 부산일보 논설위원

정마린 씨를 만난 지가 20년 가까이를 헤아리는 것 같다. 띄엄띄엄 만난 그를 처음 본 일이 아득하다. 삶도 원체 아득한지라 우리는 그것의 종을 잡을 수가 없다. 그가 시를 썼다고 하는데 그것은 있을 수 있으나 알 수 없었던 일에 속하는 것이다. 사석에서 보던 그를 연극 무대에서 처음 마주하던 먼 기억처럼 낯설다.

언젠가 그는 성대 결절이 된 적이 있었다고 했다. 무리한 연극 연습 때문에 고생했을 터인데 시는 그런 결절의 상태에서 나오는 것이 아닐까를 생각해 본다. 더 이상 목소리가 나오지 않는, 그러니까 목소리 너머의 목소리, 글 너머의 글이 시가 아닐까 하는 것이다. 시를 쓰는 것은 어려운 일은 아니지만 그렇다고 쉬운 일은 아니다. 그것은 인생론의 한 자락을 담고 있는 그의 시가 말하듯이 삶을 사는 것과 흡사하다.

뭐가 좀 됐다고 생각했을 때 아무것도 된 것이 없으며, 아무런 것도 안 됐다고 여겼을 때 조금이나마 시작할 수 있는 것이다. 아무것도 없이 와서 아무것도 없이 가는 이 '만만찮은 수레바퀴'를 굴리는 것이 우리 삶이라는 그의 생각에 나는 전적으로 동의한다. 도를 이룬 척하는 것은 시시하고 무례하기 짝이 없는 일이고 애면글면 하면서 살아가는 것이 시와 삶의 본령일 것인데 그런 날개들이 시의 행간에서 잡힌다.

아들에 대한 사랑의 시편을 나는 가장 예민하게 읽었다. 그의 시를 우리가 '맛나게 먹든, 모나게 먹든' 그것은 우리의 몫이다. 그에게 하나의 부탁이 있다. 제발 '시인'은 하지 마라는 것이다. 이 부탁을 받아들여야 시인이 될 수 있다고 나는 이상한 역설을 한 번 중얼거려 본다.

꽃말은 흙이 되어

– 정마린 시집

정가 11,000 원

지은이　정마린
펴낸이　조준형
편　집　조민경

2017년 11월 1일 초판 1쇄 발행

펴낸곳 도서출판 스토리팜 storyfarm book
주소 부산광역시 중구 구덕로 38. 2층 (남포동 4가 2-4)
전화 051) 253-0001 팩스 051) 245-1187
등록 제 2011-000004호 www.storyfarmbook.com

도서출판 스토리팜에서는 여러분의 소중한 원고와 함께 할 기회를 기다리고 있습니다. 책으로 엮을 원고나 아이디어가 있으신 분들은 이메일 mwdangbook@hanmail.net로 책에 대한 간단한 개요와 원고 전체 또는 일부를 연락처와 함께 보내주십시오.

이 도서의 국립중앙도서관 출판예정도서목록(CIP)은 서지정보유통지원시스템 홈페이지(http://seoji.nl.go.kr)와 국가자료공동목록시스템(http://www.nl.go.kr/kolisnet)에서 이용하실 수 있습니다.
(CIP제어번호: CIP2017026798)

이 책은 네이버 나눔글꼴로 제작되었습니다.